EL GATO CURIOSO Y OTROS POEMAS
Alejandro Cumplido Ramírez

Ilustraciones
Kelsey Heckenkamp

Ediciones Cumplido
Primera edición / Septiembre de 2017.

ISBN: 978-0692928226

EL GATO CURIOSO
Y OTROS POEMAS

Alejandro Cumplido Ramírez

Ilustrado por:
Kelsey Heckenkamp

Contenido

El gato curioso

Sentado en la puerta de mi casa
tomando café en una taza,
a la plaza dirigida mi mirada
observé que un gato me observaba.

Como no me quitaba la mirada,
aplaudí para ver si se espantaba.

Sin darme cuenta, el café
en mis piernas derramé.
¡Ay Dios mío, que quemada!

Cuando el dolor ya pasó,
levanté nuevamente la mirada,
pero el gato ya no estaba.

Al lobo feroz le dio la tos

Al lobo feroz le dio la tos,
y de tanto toser perdió la voz.
A la abuelita no pudo imitar
y a Caperucita no pudo engañar.

Al lobo feroz le dio la tos,
y de tanto toser ya no pudo comer,
y perdió las fuerzas hasta de correr.

Al lobo feroz le dio la tos.
Ya no era salvaje, y menos feroz.
Era simplemente un lobo con tos.

La mariposa vanidosa

La mariposa vanidosa
en un jardín se paseaba,
y sobre los pétalos de una rosa
muy tranquila reposaba.

Sus alas extendió
y estas palabras
a la rosa dirigió:

"Querida rosa,
tú eres bonita pero yo soy
hermosa.
Con mis coloridas
y sedosas alas
por los aires vuelo.
¿Pero tú? Nunca
pasarás del suelo."

Y en un instante
miren lo que sucedió:
el cielo se nubló,
y un relámpago
—seguido por un trueno—
y un granizal empezó.

Y la hermosa mariposa
en el suelo terminó.

Sus alas quedaron hechas basura.
Ya no era hermosa,
y ni siquiera mariposa.
Era solamente una fea oruga.

La cabra macabra

La cabra macabra
si toca su puerta por favor no le abra.
Pues cuentan y dicen
—le doy mi palabra—
que miedo le tiene
hasta el Chupacabra.

Pues cuentan la historia
—los que lo miraron—
que en una ocasión
los dos se encontraron.
La cabra macabra
tan terrible estaba
que el Chupacabra
de miedo temblaba.

La cabra macabra
—le doy mi palabra—
si toca su puerta,
por favor no le abra.

Nora la gallina ponedora

Nora es la gallina ponedora
a quien su dueña adora
por poner un huevo cada hora.

En el rancho del Corral no ha existido
otro animal que se compare con Nora.

Una vez una señora
se expresó muy bien de Nora
pues miren la comparó
con una maquiladora.

El monito valiente

Al monito valiente
en su casa lo buscaban
pero andaba ausente.

En la selva se paseaba
cuando de repente
de atrás de un árbol
se asomaba tremenda serpiente.

El monito valiente
mantuvo la calma,
aunque por dentro sentía,
pero no sabía
si le palpitaba el corazón o el alma.

Monito valiente:
aunque la serpiente
te mostró los dientes,
con tranquilidad te alejaste
sonriente.

El perrito juguetón

El perrito juguetón
corre y corre,
brinca y brinca,
y le ladra a su balón.

El perrito juguetón
es más feliz
que en el lodo la lombriz.

Nada, nada le preocupa,
pues solo en jugar se ocupa.

El perrito juguetón
corre y corre,
brinca y brinca,
y le ladra a su balón.

La ballena que no se llena

La ballena que no se llena
sube y baja los oceanos
y ella siempre tan serena.

Un millar de pescadillos
no le alcanzan
ni para una buena cena.

Lo único que le apena
a nuestra pobre amiga ballena,
es que come y come,
pero no se llena.

Érase una vez un pez

Érase una vez un pez
que los mares conocía
al derecho y al revés.

A muchos animales en el mar
impresionaba,
pues cuando este pez nadaba,
pareciese que volaba.

Una vez lo quisieron coronar
como el pez que reina el mar,
pero él no quiso aceptar.

Pues por dentro él bien sabía
que su vida cambiaría,
y que no le iba a gustar.

Érase una vez un pez
que los mares conocía
al derecho y al revés.

La cucaracha imprudente

La cucaracha imprudente
no respeta cercas,
ni leyes ni puertas,
ni la opinión de la gente.

Habitará en tu casa
y tomará de tu taza.
Se meterá en tu zapato
y comerá de tu plato,
y después no la verás por un rato.

La cucaracha imprudente
si le diese la gana —y sin ser influyente—
a vivir se iría
a la mansión del señor presidente.

Los patos locos

Los patos locos no son pocos.
Siempre andan en bandada,
sea de noche o de madrugada.

Siempre listos para atacar
a cualquier insecto
que ande fuera de lugar.

Y no les importa quien sea,
pues no saben respetar.
Lo único que les importa
es que sea grato a su paladar.

No han podido detenerlos
ni por tierra ni por mar,
porque aunque lentos caminan,
son muy rápidos para nadar.

El zorrillo apestosillo

El zorrillo apestosillo
por donde quiera que andaba
todo, todo lo apestaba
y lo dejaba amarillo.

Pocos amigos tenía,
pues ya nadie lo seguía,
porque a todos enfadaba
por lo mucho que apestaba.

Al zorrillo apestosillo
solamente un amigo le quedaba
que su olor le toleraba,
y aunque a veces las narices se tapaba
de él no se separaba.

Este fiel y buen amigo del zorrillo
no era otro que su amigo el armadillo.

La ardilla perdió su semilla

Estaba la ardilla
muy, muy preocupada.
Perdió su semilla
y no la encontraba.

La enterró de noche,
y la buscó de día.
Dónde la guardó
ya no lo sabía.

Lágrimas derrama
y caen hasta el suelo.
Se acerca una rana
y le ofrece un pañuelo.

"Ay amiga rana,"
le dice la ardilla,
"quiero que termine esta pesadilla.
Pues no sé que haré sin esa semilla."

El caballo Bayo y el camello Bello

El camello Bello le dice al caballo:
"¿Hola, como estás, querido tocayo?"
Y el caballo Bayo contesta al camello:
"Tú te llamas Bello y yo me llamo Bayo,
y como verás, no soy tu tocayo."

El camello Bello responde al caballo:
"Quiero proponerte un pequeño trato,
mi amigo caballo,
y si tú lo aceptas en tan solo un rato,
seré tu tocayo.

De hoy en adelante para ti seré
el camello Bayo, y nada más diré.
Y si estás de acuerdo para mi serás
el caballo Bello, y nada más dirás."

Y aquí la historia llegó a su final.
Esto solo pasa en el mundo animal.
El caballo Bello del camello Bayo
en alguna forma pasó a ser tocayo.

La araña tacaña

La araña tacaña
se trepó por una caña
y en las alturas tejía
su teleraña de noche y de día.

Pero miren que ironía
—pues quien se lo imaginaría—
lo que iba a suceder
en aquel amanecer,
cuando el sueño la vencía,

pues merienda de un gorrión
con el hambre de un halcón,
ella misma lo sería.

www.ingramcontent.com/pod-product-compliance
Lightning Source LLC
Chambersburg PA
CBHW040346060426
42445CB00029B/18